Totalement caramel

Totalement caramel

Cécilia Batais

Le Code de la propriété intellectuelle interdit les copies ou reproductions destinées à une utilisation collective. Toute représentation ou reproduction intégrale ou partielle faite par quelque procédé que ce soit, sans le consentement de l'auteur ou de ses ayants cause, est illicite et constitue une contrefaçon sanctionnée par les articles L.335 — 2 et suivants du Code de la propriété intellectuelle.

© 2012, Cécilia Batais

Edition : BoD- Books on Demand, 12/14 rond-point des Champs Elysées, 75008 Paris
Imprimé par Books on Demand GmbH, Allemagne

Dépôt légal : octobre 2012

Photographies culinaires : Cécilia Batais
Mise en page et couverture : Books on Demand - www.bod.fr

ISBN : 978-2-3220-0459-1

A ma famille et à mon petit homme qui est mon goûteur en toutes circonstances ! A mes amis, mes voisins pour qui j'aime m'enfermer dans ma cuisine pour leur concocter des petites choses gourmandes.

Aux éditions Books on Demand qui m'ont permis de réaliser ce rêve fou d'écrire un livre de cuisine !

Table des matières

Le salé

Les verrines poires / gorgonzola / jambon ... 9

Toasts de foie gras aux poires fondantes ... 11

Petits chaussons aux saveurs normandes ... 13

Magret de canard au caramel de framboise ... 15

Le sucré

Tartelettes pommes caramel ... 17

Caramel mou à la vanille ... 19

Crème brulée citron framboise ... 21

Tablettes de chocolat au caramel ... 23

Tarte aux noix et au caramel ... 25

Mini tartelette au croquant caramel et sa mousse praliné ... 27

Crème renversée au caramel ... 29

Brownies au chocolat caramel et aux noix caramélisées ... 31

Millefeuille renversé aux pommes fondantes
à la crème caramel et à la vanille ... 33

Verrine aux pêches et son crumble au caramel ... 35

Avec du caramel au beurre salé

Caramel au beurre salé ou Salidou ... 37

Mousse au chocolat et au caramel au beurre salé ... 39

Entremets mousse vanillé au mascarpone
et ses saveurs bretonnes ... 41

Trifle poire and cookies au caramel au beurre salé ... 43

Gâteau renversé aux pommes et au caramel au beurre salé ... 45

Toffee bars au caramel au beurre salé ... 47

Tarte caramel et son miroir toblerone ... 49

Le salé

Les verrines poires / gorgonzola / jambon

Trois ingrédients pour une petite verrine express sans se prendre la tête mais qui fait son effet ! Vos invités chercheront quel est le petit goût apporté par les poires... Oui c'est le miel !

Préparation : 7 mn
Pour 6 petites verrines

Ingrédients :
- 2 poires épluchées et coupées en morceaux
- 1 noix de beurre + 1cs de miel
- 40 g de gorgonzola en petits cubes
- 2/3 tranches de jambon fumé

Préparation :
- Faites caraméliser les morceaux de poires dans une poêle avec le beurre et le miel. Déposez-les dans le fond des verrines.
- Ajoutez le gorgonzola.
- Ajoutez le jambon fumé coupé en petits morceaux.

Astuce : Ce mariage peut également faire une excellente bruschetta. Tartinez votre pain d'un peu d'huile d'olive. Déposez la tranche de jambon, quelques poires caramélisées et un peu de fromage. Enfournez quelques minutes à 180°C et le tour est joué.

Toasts de foie gras aux poires fondantes

Une petite entrée gourmande à déguster en amoureux ou en famille pour les fêtes, ça c'est à vous de voir !

Préparation : 15 mn
Cuisson : 5 mn
Pour 4 personnes

Ingrédients :
- 8 tranches de pain d'épices
- 8 fines tranches de foie gras
- 4 tranches de jambon de Bayonne
- 4 petites poignées de salade
- 3 poires ou 1 petite boite de poire au sirop
- 1 cs de miel

<u>Vinaigrette</u> :
2cc de vinaigre de framboise, 1cc de vinaigre de Modène, huile végétale

Préparation :
- Coupez en fines tranches les poires et faites-les caraméliser dans une poêle avec le miel.
- Préparez la salade. Assaisonnez-la de la vinaigrette et disposez-la au milieu de l'assiette.
- Coupez les fines tranches de foie gras.
- Toastez les pains d'épices, mettez le foie gras dessus et dressez l'assiette en mettant 2 toasts de pain d'épices par personne, un peu de poire et pour la sauce qui décore l'assiette j'ai utilisé une réduction de vinaigre à la framboise (qu'on trouve en magasins) et de la vinaigrette utilisée pour la salade.
- Disposez une tranche de jambon fumé et servez...

Le salé

Petits chaussons aux saveurs normandes

Souvent en semaine, je n'ai pas trop le temps de cuisiner donc je fais souvent des recettes avec ce qu'il y a dans le frigo. C'est pratique, économique et cela permet d'épater tout le monde avec trois fois rien.

Préparation : 15 mn
Cuisson :   20 mn à 180°C
                     Pour 2/4 personnes
                     Pour 8 feuilletés

Ingrédients :
1	pâte feuilletée
1	petite pomme (golden pour moi), 1 noix de beurre, 1cc de sucre
3	tranches d'andouille
8	tranches fines de camembert
1	jaune d'œuf + 1cs de lait pour la dorure

Préparation:
- Pelez et épépinez la pomme et coupez-là en quartier puis coupez chaque quartier en tranches fines. Dans une petite poêle, faites-les caraméliser avec la noix de beurre et le sucre.
- Pendant ce temps, coupez l'andouille en petit dés et découpez la pâte feuilletée en 8 cercles. Déposez sur une moitié, des tranches de pommes, de l'andouillette, du camembert. Refermez bien en appuyant sur les bords avec le bout d'une fourchette. Dorer de jaune d'œuf mélangé avec du lait et enfournez à four chaud à 180°C pendant 20 mn.

Astuce : *Vous pouvez servir ces bouchées acoompagnées d'une salade et vous en ferez une entrée ou un plat pour le soir.*

Le salé

Magret de canard au caramel de framboise

Pour tout vous dire, j'ai réalisé cette recette que pour deux car c'était le plat de mon Menu Saint Valentin… Alors qui sait ? Peut-être réserverez-vous ce plat pour un tête à tête.

Préparation : 20 mn
Cuisson : 20 mn au four à 180°C et à la poêle.
Pour 2 personnes

Ingrédients :

2/4	pommes de terre (tout dépend de la taille) du beurre fondu
1	tige de romarin et de la fleur de sel
1	magret pour deux

Pour le caramel de framboise

50 g	de sucre
10 cl	de vinaigre de framboise
5 cl	d'eau
1	poignée de framboises
	et vous pouvez réserver un brin de romarin pour la déco.

Préparation :
- Epluchez les pommes de terre, lavez-les et coupez-les en tranches fines. Badigeonnez de beurre fondu une feuille de papier de cuisson et disposez les pdt en rosace. Badigeonnez à nouveau de beurre, parsemez de fleur de sel de brin de romarin. Enfournez pour 15 à 20 mn à 180°C. Surveillez la cuisson.
- Pendant ce temps : dans une casserole, mettez le sucre, le vinaigre et l'eau dans une casserole et portez à ébullition Puis une fois que le sucre est dissout stoppez la cuisson. Puis prenez votre magret, taillez la graisse à l'aide d'un couteau en diagonal et mettez à cuire côté graisse pendant quelques minutes à feu doux et quittez la graisse de la casserole au fur et à mesure. Puis quand les pdt sont prêtes retournez-les et laisser cuire à feu moyen 3/4 mn et dressez.
- Dressage : ajoutez les framboises au caramel de framboise et portez à ébullition pour le réchauffer. Mettez la rosace dans une assiette, posez le magret coupé en deux et nappez de caramel de framboise, décorez avec un peu de romarin et servez aussitôt…

Le sucré

Tartelettes pommes caramel

J'aime beaucoup faire des tartes et tartelettes en dessert car c'est hyper gourmand. Il faut dire que rien que la pâte sablée maison est un dessert à elle seule. Après il suffit de l'agrémenter selon nos envies et le tour est joué.

Ingrédients :

pour la pâte sablée :
- 1   gros œuf
- 120 g   de sucre
- 250 g   de farine
- 120 g   de beurre
- 1   bouchon d'arôme vanille
- 3   petites pommes (golden pour moi)

Pour la crème pâtissière au caramel :
- 2×50 g   de sucre
- 50 cl   de lait, 2 oeufs +1 jaune
- 40 g   de maïzena

Préparation :
- Faites la pâte sablée : mélangez l'œuf et le sucre jusqu'à ce que le mélange devienne mousseux. Ajoutez la farine et effritez avec vos mains. Ajoutez le beurre en morceaux et faites une boule de pâte homogène. Le mieux c'est de la laisser reposer une petite demi-heure au frigo, ça la rend plus maniable. Puis sur un plan de travail fariné étalez la pâte et foncez les moules à tartelettes et faites cuire à blanc les petites tartelettes à 180°C pendant 15 mn.
- Préparez la crème : faites cuire à sec les 50 g de sucre jusqu'à caramélisation. Ajoutez le lait et mélangez à feu doux jusqu'à ce que le caramel se soit dissout. Pendant ce temps, mélangez les œufs aux 50 g de sucre restant et à la maïzena. Ajoutez le lait et faites cuire à feu doux jusqu'au premier bouillon. Mélangez bien hors cuisson jusqu'à ce que la crème soit bien homogène. Réservez.
- Coupez les pommes en quartier et faites-les revenir à feux moyen avec une noix de beurre et 1cs de sucre.
- Dans les tartelettes démoulées, déposez quelques morceaux de pommes, de la crème, et décorez de petites tranches de pommes fondantes et caramélisées.

Astuce : Servez ces tartelettes avec un décor en caramel ! Avant de servir faites fondre 3 cuillères à soupe de sucre dans une casserole et avec une cuillère faites couler sur une feuille de papier de cuisson le caramel selon vos envies. Laissez refroidir et plantez-les dans la tarte ! Et vos invités seront conquis par vos talents.

Le sucré

Caramel mou à la vanille

Manger un petit caramel est un de mes péchés mignons ! Je les adore, qu'ils soient au chocolat, au caramel au beurre salé, au café ou encore comme ceux-ci à la vanille. Mais voilà ils sont souvent très chers alors ce serait dommage de ne pas se mettre en cuisine pour les réaliser. Il faudra juste s'armer d'un thermomètre, d'une casserole à fond épais, d'un fouet ou d'une cuillère et c'est parti !

Préparation : 20 mn

                Pour une quarantaine de petits caramels
                1 cadre de 20×20 maxi / 1 moule à cake est possible aussi

Ingrédients :

250 g	de sucre
130 ml	de crème liquide entière
90 g	de beurre demi-sel
1	gousse de vanille

Préparation :
- Posez un cadre de 20×20 sur une feuille de papier de cuisson huilée posée sur une plaque à pâtisserie ou mettez une feuille de papier de cuisson huilée dans un moule à cake (vous obtiendrez des caramels plus gros).
- Versez le sucre dans une casserole et faites chauffer jusqu'à ce que vous obteniez un caramel clair, puis ajoutez le beurre, la crème liquide tiédie et les graines de vanille de la gousse coupée en deux. Mélangez à l'aide d'un fouet jusqu'à ce que la température atteigne 116°C. Puis arrêtez la cuisson et versez immédiatement dans votre moule à cake ou votre cadre et laissez reposer au moins 1h avant de les découper et de les manger ou de les envelopper dans du papier cristal.

Petite astuce : Ces petits caramels feront un petit cadeau gourmand parfait pour Noel, Pâques, anniversaire et une petite gourmandise pour les apéros dinatoires. En ce qui concerne le papier cristal , vous pouvez le trouver facilement sur Internet.

Le sucré

Crème brulée citron framboise

J'adore les crèmes brûlées et ce que j'aime par-dessus tout c'est taper doucement dessus avec une cuillère pour casser le caramel. Oui, vous l'avez deviné, un autre de mes péchés mignons ! Je trouve ce dessert si vite préparé qu'il en devient incontournable !

Préparation : 10 mn
Cuisson :   1h (peut varier selon la cassolette)
           Pour 6 crèmes

Ingrédients :
- 6 jaunes
- 40 cl de crème liquide entière
- 20 cl de lait entier
- 80 g de sucre
- le zeste et le jus d'1/2 citron
- 2 poignées de framboises
- sucre roux pour le dessus

Préparation :
- Fouettez les jaunes avec le sucre, puis ajoutez la crème liquide, le lait, les zestes coupés en tout petits bouts et le jus de citron. Versez doucement dans les cassolettes et parsemez de framboises. Au niveau cuisson, si vous avez des cassolettes en terre cuite, je vous conseille de les mettre à 110°C pendant 1h voire 1h10 (je les avais faites aussi dans les cassolettes blanches classiques. Vu qu'elles sont un peu plus grande il m'a fallu 1h à 100°C). Dans tous les cas, il faut que la crème soit ferme sur les côtés et juste tremblante au milieu. Une fois froide, mettez-là au frigo pour plusieurs heures. Au moment de servir, sortez-les parsemez de sucre roux et à l'aide d'un chalumeau faites-les caraméliser et servez aussitôt...

Astuce : *Vous pouvez aussi les faire dans des petites cassolettes pour un apéritif dinatoire, ce sera très apprécié ! Dans ce cas, 35 à 40 minutes de cuisson seront suffisantes.*

Le sucré

Tablettes de chocolat au caramel

J'ai réalisé ces petites tablettes pour Pâques. J'avais mis les tablettes sur la table dans une petite assiette sans rien dire. Enfin sans dire que c'était moi qui les avait fait et j'ai attendu le verdict !! Et bien, tout le monde m'a demandé où j'avais acheté ce chocolat... Pari réussi !!

Préparation : 20 mn
Pour 2 tablettes de chocolat de 100 g environ

Ingrédients :
- 200 g de chocolat de couverture (Barry 60%)
- 4 à 5 caramels mous à la vanille

Préparation :
- Coupez les caramels mous en petits dés. Parsemez quelques petits dés dans les moules. Pour réaliser ces tablettes il faut s'attaquer à la cristallisation du chocolat : pour se faire, mettez 150 g de chocolat à fondre au bain-marie et mélangez jusqu'à ce que la température atteigne 45-50°C.
- Puis hors de l'eau chaude ajoutez les 50 grammes de chocolat restants et mélangez jusqu'à ce que la température atteigne 27°C. Puis remettez dans l'eau qui est encore tiède et mélangez jusqu'à ce que la température du chocolat atteigne 31-32°C et vous pouvez versez dans les moules à tablettes sur les dés de caramels et parsemez si besoin de nouveaux petits dés. Vous n'avez plus qu'à réserver à température ambiante et attendre...

Astuce : Vous pouvez agrémenter ces tartelettes selon vos envies. Pourquoi ne pas faire caraméliser des noisettes ?

Le sucré

Tarte aux noix et au caramel

Voilà un petit dessert automnal, très apprécié des amateurs de noix et du mélange noix-miel !

Préparation : 20 mn
Pour 8 à 10 personnes
Pour un cercle ou une tarte de 28 cm

Ingrédients :

250 g	de farine fluide
70 g	de poudre d'amande
1	gros œuf
100 g	de sucre en poudre
125 g	de beurre demi-sel
1	pincée de bicarbonate de soude
1/2	bouchon d'amande amer (facultatif)
	Une pâte sablée parfumée à l'amande
150 g	de noix
70 g	de cassonade
80 g	de sucre en poudre
70 g	de miel doux (acacia)
70 g	de beurre demi-sel
15 cl	de crème liquide entière

Préparation :
- Faites la pâte sablée : dans un saladier, fouettez l'œuf avec le sucre jusqu'à ce que le mélange devienne mousseux. Ajoutez la farine, le bicarbonate, la poudre d'amande et l'amande amère. Effritez la pâte entre vos mains puis ajoutez le beurre en morceaux et formez une boule homogène.
- Laissez reposer une demi-heure puis abaissez la pâte sur un plan de travail fariné.
- Etalez la pâte sur un plan de travail fariné, et foncez le moule à tarte. Déposez sur la pâte à tarte une feuille de papier de cuisson et recouvrez de riz. Laissez-la reposer au frigo le temps que le four atteigne la température de 180° et enfournez- la tarte pour 15 mn.
- Préparez le caramel : dans une casserole, versez les sucres, le miel et le beurre et faites les blondir.
- Faites chauffer la crème liquide. Lorsque les sucres sont bien fondus et que le mélange est homogène et juste coloré, ajoutez la crème liquide chaude hors du feu.
- Mélangez à feu doux jusqu'à ce que le caramel soit à nouveau homogène et jusqu'à ce qu'il épaississe. Il faudra environ 10/15 mn.
- Disposez les noix sur le ou les fonds de tarte et nappez de caramel. Laissez refroidir et conservez au frais.

Le sucré

Mini tartelette au croquant caramel et sa mousse praliné

Alors cette petite mignardise est vraiment très très gourmande, je l'avais réalisée lors d'un apéritif dinatoire avec mes voisins !

Préparation : 20 mn
Cuisson : 20/25 mn
Pour une trentaine de petites tartelettes

Ingrédients :
la moitié de ma pâte sablée aux noisettes :
- 1   gros œuf
- 115 g   de sucre
- 100 g   de noisette
- 200 g   de farine
- 100 g   de beurre doux ou demi-sel selon les goûts

- 60 g   de sucre + 1cs d'eau
- 10 cl   de crème liquide entière
- 75 g   de pralinoise

Préparation :
- Faites la pâte sablée : dans un saladier, fouettez l'oeuf avec le sucre jusqu'à ce que le mélange devienne mousseux. Ajoutez la farine et la poudre de noisette. Effritez la pâte entre vos mains puis ajoutez le beurre en morceaux et formez une boule homogène. Après une demi-heure de repos au frigo, abaissez la pâte sur un plan de travail fariné.
- Avec un emporte-pièce coupez la pâte et déposez dans des moules en silicone pour mini tartelettes en tassant bien du bout des doigts pour que la pâte adhère bien aux petits moules. Laissez reposer au frigo ou au congélateur le temps que le four atteigne la température de 180°C et enfournez pour 15 mn.
- Pendant ce temps, mettez la crème liquide dans un saladier au congélateur pendant au moins 5 mn avant de la monter en chantilly bien ferme.
- Faites fondre au bain-marie la pralinoise et l'incorporerà la chantilly quand celle-ci sera bien ferme en continuant de fouetter doucement avec le robot pendantquelques secondes. Et déposez dans la poche à douille munie d'une douille cannelée et réservez au frais.
- Quand les tartelettes sont cuites, faites le caramel. Déposez le sucre et l'eau dans une petite casserole et faites le fondre à feu moyen jusqu'à ce que le sucre sur les côtés soit brun puis secouez la casserole pour uniformiser. Puis versez-le dans les tartelettes. Tournez les petites tartelettes (sans vous bruler) et enlevez le surplus de caramel car s'il y en a de trop sinon ce sera très dur à manger.
- Une fois le caramel pris, et les tartelettes refroidies déposez la mousse à la pralinoise avec la poche à douille et réservez au frais jusqu'au moment de servir.

Astuce : *Vous pouvez également réaliser ce dessert dans un autre format c'est-à-dire, faire des tartelettes ou une tarte, mais dans ce cas il faudra doubler les proportions de crème. Et puis en ce qui concerne la pâte, si vous n'utilisez pas tout elle se gardera très bien au congélateur.*

Le sucré

Crème renversée au caramel

Un classique de la cuisine française, mais de temps en temps qu'est-ce que ça fait du bien de retrouver ces saveurs d'enfances !

Préparation : 7 mn
Cuisson :   35/40 mn au bain-marie à 180°C
                Pour 6 grands ramequins

Ingrédients :
<u>Pour le nappage:</u>
- 130 g   de sucre en poudre
- 3   œufs et 1 jaune
- 50 cl   de lait entier
- 1 cc   d'arôme vanille
- 45 g   de sucre

Préparation :
- Dans une casserole faites cuire à sec les 130 g de sucre pour faire un caramel. Nappez les ramequins de ce caramel très rapidement car il va se figer.
- Fouettez les œufs avec le sucre restant et tout en mélangeant ajoutez doucement le lait et l'arome vanille.
- Versez dans les ramequins et posez dans un plat allant au four et remplissez d'eau. Enfournez à 180°C pendant 35/40 mn. Elle est cuite quand la crème est ferme mais un peu tremblante et dorée.

Astuce : *Servez avec des langues de chat… et là ça devient un dessert totalement régressif.*

Le sucré

Brownies au chocolat caramel et aux noix caramélisées

Envie et besoin d'une petite pause… Allez chercher votre tasse de café ou de thé et savourez !

Préparation : 15 mn
Cuisson :   23 mn à 180°C
              Moule à manquer de 23 cm (pour moi) et bien oui je n'ai pas de moule carré
              Pour 8 personnes

Ingrédients :
- 170 g   de chocolat caramel (vous savez la petite tablette de nestlé)
- 100 g   de beurre
- 150 g   de sucre
- 4   œufs
- 80 g   de farine fluide
- 100 g   de noix caramélisées

Préparation :
- Faites fondre le chocolat au bain-marie avec le beurre. Ajoutez-y les œufs battus puis le sucre et la farine. Mélangez rapidement mais délicatement puis incorporez les noix caramélisées. Versez dans un moule à manquer beurré et fariné ou dans un moule en silicone. Enfournez à 180°C pendant 23 mn environ. Laissez refroidir un peu et démoulez…

Attention aux gourmands ! Ne vous brûlez pas la langue…

Astuce : *Avec des noix de pécan ou des noisettes c'est très bon également !*

Le sucré

Millefeuille renversé aux pommes fondantes à la crème caramel et à la vanille

Préparation : 20 mn
Cuisson :   10 mn à 180°C
                Pour 2 personnes

Ingrédients :

1 bonne pâte feuilletée, un peu de sucre en poudre
1 grosse pomme (golden pour moi), 1 noix de beurre, 1 cuillère à soupe de sucre

Crème mousseline au caramel :
2x40 g de sucre, 40 cl de lait, 2 oeufs, 30 g de maïzena, 75 g de beurre doux à température ambiante
Crème vanille mascarpone :
150 g de mascarpone, 150 g de crème fouettée, 1 feuille de gélatine de 2 g,
1/2 gousse de vanille (ou 1 bouchon d'arôme vanille), 30 g de sucre

Préparation :

- Coupez la pâte feuilletée en carré ou en rond, la piquer avec une fourchette, parsemez de sucre en poudre et enfournez 15 mn à 180°C. A mi-cuisson aplatissez la pâte pour qu'elle ne gonfle pas trop avec une deuxième plaque. La pâte doit être légèrement colorée. Vous pouvez bien sûr la coupée une fois cuite.
- Pendant ce temps, faites la crème: faites cuire à sec les 40 g de sucre jusqu'à caramélisation (le caramel est bien liquide et bien brun). Ajoutez le lait et mélangez à feu doux jusqu'à ce que le caramel se soit dissout. Pendant ce temps, mélangez les œufs au sucre restant et à la maïzena. Ajoutez le lait petit à petit et faites cuire à feu doux jusqu'au premier bouillon. Laissez refroidir et filmez la crème pour éviter que la crème ne forme de peau. Puis, quand la crème a refroidi et est à peu près à la même température que le beurre, ajoutez-le et fouettez avec votre batteur électrique ou votre robot et vous obtiendrez une crème mousseline.
- Faites caraméliser légèrement la pomme coupée en quartier avec la noix de beurre et le sucre. Et une fois que tout est refroidi, assemblez, pâte feuilletée, 2 cs de crème, quelques morceaux de pommes et renouvelez l'opération.
- Préparez la crème vanille mascarpone : Hydratez la feuille de gélatine dans de l'eau froide. Détendez le mascarpone avec une fourchette. Puis ajoutez-y la vanille. Faites chauffer 1 cuillère à soupe de crème et y faire fondre la gélatine avant de l'ajouter au mascarpone. Puis montez le reste de la crème liquide en chantilly bien ferme et ajoutez avec précaution le mascarpone. Mettez le contenu dans une poche à douille munie d'une douille de votre choix et mettez la crème sur une face du millefeuille et c'est prêt.

Astuce : Gardez quelques morceaux de pommes pour la décoration. Si vous avez fait du caramel au beurre salé, faites-le tiédir pour décorer votre assiette.

Le sucré

Verrine aux pêches et son crumble au caramel

Voilà un petit dessert gourmand simple et rapide à préparer. Entre la douceur de la crème, le fondant du caramel et des fruits et le croquant du crumble vous aurez des arguments pour flatter vos convives ! Il n'y a plus qu'à choisir la verrine !

Préparation : 20 mn
Cuisson : 20 mn
Pour 4 personnes

Ingrédients :

1 petite boîte de pêches au sirop, 1 cuillère à soupe de sucre, 1 noix de beurre demi-sel

Pour la crème :
250 g de mascarpone, 70 g de sucre, 2 sachets de sucre vanillé, 2 œufs

Pour le caramel :
40 g de sucre, 20 g de beurre, 10 cl de crème liquide

Pour le crumble :
75 g de cassonade, 75 g de beurre, 75 g de farine, 75 g d'amandes en poudre

Préparation :

- Préparez le crumble. Mettez tous les ingrédients dans un saladier et mélangez. Etalez sur une plaque à pâtisserie et enfournez 10 mn jusqu'à ce que le crumble soit doré.
- Pendant ce temps, préparez le caramel. Faites cuire à sec le sucre. Quand il est liquide, mettez le beurre à fondre hors du feu, puis ajoutez la crème liquide et laissez cuire 10 mn à feu très doux.
- Battez les sucres avec les jaunes jusqu'à ce que le mélange devienne mousseux, ajoutez-y le mascarpone et mélangez bien. Montez les blancs en neige ferme et incorporez au mélange œufs-sucre-mascarpone.
- Mettez dans le fond des verrines des morceaux de pêches, puis recouvrez d'1 cuillère à soupe de crème. Mettez une couche de caramel, puis parsemez le crumble. Enfin, recouvrez de crème.
- Décorez avec des morceaux de pêches et un filet de caramel.

Astuce : Quand c'est la saison, prenez de beaux fruits frais !

Avec du caramel au beurre salé

Caramel au beurre salé ou Salidou

Qui ne connaît pas le salidou ? Tous les visiteurs se laissent séduire par cette crème onctueuse quand elle est froide qui devient coulis pour napper les crêpes, pancakes, gaufres une fois tiède ! Moi je vous propose de la faire à la maison, comme ça vous ne serez plus frustrés quand vous ouvrirez le dernier pot qui restait dans vos placards.

Préparation : 15 mn
Pour 1 pot

Ingrédients :
- 200 g de sucre en poudre
- 20 cl de crème liquide entière
- 50 g de beurre demi-sel

Préparation :
- Dans une casserole, mettez la moitié du sucre et faites le caraméliser à feu moyen. Ne remuez rien temps que les bords ne sont pas caramélisés. Puis, une fois cette première partie devenue caramel, ajoutez petit à petit le sucre restant jusqu'à ce que vous obteniez du caramel.
- A côté de cette casserole, mettez en une autre à chauffer à feu doux avec la crème liquide entière. Une fois le caramel fondu, ajoutez hors du feu la crème liquide bien chaude en mélangeant avec un fouet.
- Une fois le mélange homogène ajoutez le beurre et mélangez. Quand il est fondu le caramel au beurre salé est prêt !

Astuce : Plus vous poursuivez la cuisson (une fois que le caramel est prêt) plus il sera épais !

Avec du caramel au beurre salé

Mousse au chocolat et au caramel au beurre salé

Vous savez ce qu'on dit : c'est ceux qui en parle le plus qui en mange le moins, alors tous à vos cuillères !

Préparation : 20 mn
Repos : 2h
           Pour 6 personnes

Ingrédients :
- 6   gros œufs
- 200 g   de chocolat dessert
- 100 g   de sucre
- 10 cl   de crème liquide entière
- 50 g   de beurre demi-sel

Préparation :
- Préparer le caramel au beurre salé : faites fondre à sec le sucre pour qu'il fonde. Commencez à secouer la casserole quand les bords sont colorés. Quand vous obtenez un caramel blond, ajoutez la crème liquide chaude petit à petit tout en mélangeant. Et quand le mélange est homogène ajoutez le beurre en morceaux. Continuez la cuisson tout en mélangeant 4 mn environ pour que le mélange épaississe.
- Puis séparez les blancs des jaunes et montez les blancs en neige.
- Faites fondre le chocolat au bain marie. Ajoutez les jaunes et le caramel au beurre salé. Mélangez bien le tout et ajoutez en 3 fois les blancs en neige en soulevant avec une maryse.

Il ne vous reste plus qu'à verser cette mousse dans une coupelle ou dans 6 coupelles individuelles et de laissez reposer au moins 2 heures au frais avant de servir.

Avec du caramel au beurre salé

Entremets mousse vanillé au mascarpone et ses saveurs bretonnes

Je vous propose ce petit entremet qui allie une base de palets breton à des pommes fondantes et une mousse légèrement vanillée et son puit de salidou… Voilà tout pleins de texture pour un plaisir à chaque bouchée…

Préparation : 20 mn
Repos :   minimum 2 heures
Pour 4 cercles de 8 cm de diamètre

Ingrédients :
Pour la base :
1 paquet de palet breton soit 125 g et 35 g de beurre fondu

Pour les pommes :
2 goldens, une noix de beurre et 1 cs de sucre

Pour la mousse :
1 pot de mascarpone soit 250 g, 2,5 feuilles de gélatine, 2 sachets de sucre vanillé, 2 œufs

Pour le puit de salidou, voir recette ici (il ne vous faut pas tout le pot, rassurez-vous !)

Préparation :
- Mixez les biscuits et y ajouter le beurre fondu mélangez bien et les tasser à l'aide d'un verre au fond des cercles à mousses (posés sur une feuille de papier sulfurisée). Réservez au frais.
- Faites cuire et caraméliser légèrement les pommes épluchées et coupées en petits morceaux. Puis les déposer sur le biscuit et réservez au frais.
- Pendant ce temps, hydrater les feuilles de gelatine. Battez le mascarpone avec les œufs et le sucre vanillé. Ajoutez la gélatine fondue préalablement avec 2 cs d'eau au micro-ondes pendant quelques secondes (surveillez). et déposez cette crème sur la pomme.
- Pour former le puit, j'ai pris 4 verres, déposez un pied de verre dans chaque cercle et laissez prendre au frigot plusieurs heures. Puis au moment de servir, déposez 1à 2 cc de salidou.
- Attention au démoulage, c'est le plus délicat.

Avec du caramel au beurre salé

Trifle poire and cookies au caramel au beurre salé

Une petite verrine vite faite et bien faite ! Attention cependant à ne pas la faire trop tôt car les cookies avec la chantilly et le caramel perdront de leur croquant ! Ceci dit, tous les ingrédients peuvent être préparés à l'avance et assemblés au dernier moment ou une heure à l'avance.

Préparation : 20 mn
Cuisson :   10 mn
             Pour 4 personnes

Ingrédients :
- 5   cookies
- 30 cl   de crème liquide
- 20 g   de sucre glace
- 2   poires + 1 noix de beurre + 1cc de sucre

Pour le caramel au beurre salé :
- 40 g   de sucre
- 20 g   de beurre demi-sel
- 10 cl   de crème liquide

Préparation :
- Mettez d'abord la crème liquide dans un saladier et laissez au congélateur avec les branches du batteur.
- Pendant ce temps, préparez le caramel : faire cuire à sec le sucre, quand il est liquide, mettez le beurre à fondre hors du feu puisage ajoutez la crème liquide et laissez cuire 10 mn à feu très doux.
- Pendant ce temps, épluchez les poires et coupez-les en morceaux et faites les dorer avec la cc de sucre et la noix de beurre.
- Montez la crème en chantilly en ajoutant le sucre glace petit à petit et assemblez. Déposez dans le fond de chaque verrine les poires, quelques morceaux de cookies et du caramel. Posez à l'aide d'une poche à douille une couche de chantilly. Déposez d'autres morceaux de cookies, recouvrir de caramel puis de chantilly. Décorez avec un demi cookies, un morceau de poire et du caramel.

Astuce : *Vous avez oublié de faire les cookies ou vous n'en avez plus dans le placard, pas de soucis des palets bretons ou autre biscuits sablés et croquants feront l'affaire !*

Avec du caramel au beurre salé

Gâteau renversé aux pommes et au caramel au beurre salé

Voici un gâteau idéal pour les petits creux, en dessert ou à l'heure du goûter ! L'ajout du caramel au beurre salé rendra les pommes extrêmement fondantes et gourmandes ! Le caramel au beurre salé n'a pas fini de vous étonner !

Préparation : 20 mn
Cuisson :   23 mn à 180°C
              Pour 6/8 personnes
              Un petit moule à manquer

Ingrédients :
- 3   œufs
- 80 g   de cassonade + 1 sachet de sucre vanillé
- 60 g   de beurre demi-sel
- 90 g   de farine
- 8 g   de levure chimique
- 60 g   de poudre d'amande
- 3   pommes
- 4 cs   de caramel au beurre salé

Préparation:
- Battez les œufs avec les sucres. Ajoutez la farine, la levure et la poudre d'amande. Ajoutez le beurre fondu.
- Beurrez un moule à manquer, et farinez-le. Versez le caramel au beurre salé dans le fond.
- Epluchez et coupez en tranches les pommes et recouvrez le fond puis recouvrez de la base à gâteaux. Enfournez à 180°C pendant 23 mn.

Avec du caramel au beurre salé

Toffee bars au caramel au beurre salé

Vous voulez faire plaisir à votre petite famille ou vos enfants pour le goûter ? Et bien j'ai la gourmandise qu'il vous faut… Testez et vous verrez !

Préparation : 20 mn
Cuisson :   15/17 min à 180°C
             Pour un moule rectangle de 25x20 cm (environ)

Ingrédients :
<u>Pour le biscuit</u> :
180 g   de farine
85 g   de cassonade
125 g   de beurre demi-sel
1   bouchon d'extrait de vanille

<u>Pour le caramel au beurre salé</u> :
200 g   de sucre
20 cl   de crème liquide entière
50 g   de beurre demi-sel

<u>Pour le dessus</u> :
200 g   de chocolat dessert à 60%

Préparation :
- Préchauffez votre four à 180°C
- Préparez le caramel au beurre salé: dans une casserole mettez la moitié du sucre et laissez caraméliser à sec et ajoutez en pluie le reste du sucre au fur et à mesure jusqu'à ce que vous ayez un joli caramel. Pendant ce temps, faites chauffer la crème liquide entière et quand le caramel est fait versez la dessus petit à petit en mélangeant puis ajoutez le beurre et mélangez jusqu'à ce que le mélange soit homogène. Et éteignez le feu.
- Dans le bol du mixeur mettez tous les ingrédients du biscuit et mettez en route jusqu'à ce que le beurre disparaisse. Versez dans le moule rectangulaire ou carré. Tassez avec un verre. Et versez le caramel dessus. Enfournez à 180° pendant 15/17 mn.
- Une fois cuit parsemez de petits morceaux de chocolat et laissez-les fondre. Avec une maryse répartissez bien partout. Vous pouvez le conserver au frais.

Avec du caramel au beurre salé

Tarte caramel et son miroir toblerone

Attention !! Si vous êtes au régime, n'approchez pas de cette tarte car il sera difficile de s'arrêter !! Je vous aurais mis en garde…

Préparation : 35 mn
Cuisson :   15/17 mn à 180°C
              Pour 1 tarte de 24 cm de diamètre

Ingrédients :

Pour la pâte sablée :
1 gros œuf, 120 g de sucre, 250 g de farine, 120g de beurre, 1 bouchon d'arôme vanille

Pour le caramel :
1 boite de lait concentré sucré, 1cs de sucre, 100 g de beurre et 2 cs de crème liquide entière

Pour le toblerone :
150 g de toblerone, 15 cl de crème liquide, 1 feuille de gélatine de 2 g

Préparation :

- Faites la pâte sablée : mélangez l'œuf et le sucre jusqu'à ce que le mélange devienne mousseux. Ajoutez la farine et effritez avec vos mains. Ajoutez le beurre en morceaux et faites une boule de pâte homogène. Le mieux c'est de la laisser reposer une petite demi-heure au frigo, ça la rend plus maniable.
- Etalez la pâte sur un plan de travail fariné, et foncez le moule à tarte. Déposez sur la pâte à tarte une feuille de papier de cuisson et recouvrez de riz. Laissez-la reposer au frigo le temps que le four atteigne la température de 180°C et enfournez- la tarte pour 15 mn.
- Pendant que la tarte cuit, préparez le caramel. Dans une casserole à feux moyen faites chauffer le lait concentré avec le sucre et le beurre. Quand le mélange épaissit et commence à colorer, ajoutez la crème liquide entière. Poursuivez la cuisson trois minutes et éteignez. Versez sur la tarte démoulée.
- Préparez le miroir toblerone : hydratez la feuille de gélatine dans de l'eau froide. Faites chauffer la crème liquide. Dès le premier bouillon éteignez et ajoutez le toblerone en morceaux et couvrez la casserole d'une assiette une petite minute. Puis mélangez bien et quand le mélange est homogène ajoutez la feuille de gélatine essorée. Mélangez à nouveau et versez sur le caramel…

Si vous voulez poursuivre la balade, vous pouvez venir me rejoindre sur mon blog
http://www.lesrecettesdececi.com/